Palabras, pájaros y cobijo
Victoria Muñoz Arenas

Colección Baños del Carmen

Victoria Muñoz Arenas

Palabras, pájaros y cobijo

EDICIONES VITRUVIO
Colección Baños del Carmen,
nº 1021

www.edicionesvitruvio.com

Primera edición, 2024

© Victoria Muñoz Arenas

© Ediciones Vitruvio
C/ Menorca, nº 44
28009
Madrid
Teléfono: 91 573 21 86

ISBN: 978-84-129313-2-7
Nº: 1. 687

Palabras, pájaros y cobijo

A mi marido, Emilio y a mis hijas,
Marta, Victoria y Sara, candelas en
mi sendero.

Que la vida iba en serio
uno lo empieza a comprender más tarde.
Jaime Gil de Biedma

De repente:
la edad tardía.

La transito y es difícil.

Ya no me contemplo
en los espejos de las carencias,
porque me devuelven un retrato
que no quiero ver.

Definición por negación

Qué siente un poeta, me preguntas:
es una pasión y un desconsuelo,
una llama interior que hiela el alma,
un gozoso tormento de palabras y silencios,
una congoja desasosegada y sosegada,
una cadena de versos sueltos,
un morir viviendo cada vez que creas.

Escribir para curar (...)
Escribir para sentirse viva
Chantal Maillard

Escribo:
es una necesidad aprehendida
porque hay una voz interior,
que me llama y presta su luz
en el crepúsculo de mi momento.

Escribo:
porque miro y quiero ver
con los ojos del cuerpo y con los ojos del alma
los cerezos de mi jardín,
que ya visten de nácar y relucen
más allá del infinito.... Para pregonarlo.

Escribo:
porque quiero dar oído a los silencios
de los ancianos en el parque.
Quiero escuchar los murmullos de niños y niñas
en los patios de la escuela.
Quiero oír el trino del pájaro solitario
para componer una sinfonía.

Escribo:
porque yo, pretendo tentar a las estrellas
y contar lo que se siente.
Acariciar palabras
y empapelar la casa con mis versos
para dejar rastro.

Escribo:
porque quiero oler las lilas en abril, el más cruel
y escribir Haikus de primavera.

Quiero mi efímera rosa, aun con espinas
para que permanezca en mis versos.
Y aspirar el perfume de la lluvia
porque después huele dulce.
Los olores del mar en la Playa de los Locos
que me embriagan y en mi delirio
me llevan a cantar con las sirenas.

Escribo:
porque quiero degustar
lo dulce de la vida
y lo amargo del viaje,
lo ácido de las palabras inmaduras
y la sal de las lágrimas del corazón
para aprehender estos sabores.

Sinfonía en mi menor

Es mi yo poético
el que abre sonrisas, un jadeo, un guiño
el que cierra mis ojos en silencios
un mandato que rebusca voces.

Juego con el yo poético
y busco: acordes de armonía y ritmo
y notas que se engarzan en escalas
y a mi yo dan poemas sinfónicos.

Un taller de costura

Pespunteo mi poesía
en estos días que se duelen
en estos años que se suman
en esta edad que me resta.

Para coser y festonear
un tapiz que cuente escenas de vida
puntada a puntada hilvanando hebras
y no duerma la imaginación en el olvido.

Y se borda una imagen
tan efímera como la de una flor
la flor es fugaz como la juventud
mi juventud pasajera como tránsito.

Y prendo alfileres
desde la niñez hasta la edad madura
imperdibles que agarran y sujetan la vejez
y aparece en el espejo que soy ahora.

Días raros

Algunos días no me
entiendo, no me hallo.
Deseo vivir
en *el país de las maravillas,*
en el país de los sueños
y los sueños, sueños son,
yo no soy Alicia y
no vivo en ese lugar
de quimeras y ficciones.

Paseando por esos campos de la tierra mía
llegué al Paseo del Rastro,
me di de ojos con la luna blanca,
habitando el azul celeste,
en competencia con el sol
que abriga los inviernos.

En un instante, me he parado:
vivo en ciudad amurallada
con vistas al Amblés limpio
musicada por avefrias y currucas.
Inhalo aire puro al corazón.

La mente vaciada de nubarrones,
me digo, para,
diviso Santiago en octagonal torre,
en el Valle, los arreboles dibujan
el crepúsculo tardío.

No sé cómo plasmar tanta belleza.

El espíritu ha sosegado y
aprendido que la vida es...
a pesar de los días raros.

Aderezo letras como nada

Vivo en los recuerdos del ayer y se amontonan
tantos días, tantos años que apenas resta un futuro,
mañana es como un relato escrito con nostalgia.

Los días del anciano son muy sabios, pero cortos
son muy largas las noches aguardando la espera.
Mañana, como un futuro sin futuro es hoy tal vez.

Es abrir una ventana, en la mañana, a la esperanza
de que el sol se derrame y nos cobije con su aliento
y mañana brillemos como las estrellas, aunque fugaces.

Mañana, ya es casi nada, quiero aderezar letras
y engarzar palabras, en ese todo que es la vida.
Mañana voy a escribir mi poema como un todo.

Ayer   y   Hoy

Un viento huracanado,
tórrido, estrepitoso
que chirría. Me desorienta y
deja sin oído.
Las luces de neón abrasan
mis ojos. Me cuesta caminar
por el asfalto. Bullen olores
que hieren mi nariz dañada. Inhalo aromas
almizclados de orines... Y voy tocando
empujando a la gente. Quiero alejarme
del ruido infinito. Mis sentidos
encogen. Se vacían y
me trago. Estoy en shock.

Escucho

    el silencio de la música
con silencios
        muchos silencios.

    Cierro los ojos   susurro
            gozo de la armonía de las voces
que salmodian los monjes
            y me arrullan
    me serenan.   Sonrío
            respiro y tanteo.

Me cobijo.   Transciendo
soy yo misma   me encuentro.

La memoria del olvido

En mi edad madura
habito en mi morada,
mi refugio, mi cubil
con mi amnesia cohabito
y en tu presencia repaso
la luz de mis vivencias.
En mi ancianidad
recuerdo y acuerdo
recapacito, recapitulo
conmemoro y rememoro,
para no echar en saco roto
la memoria de las cosas.

Casa abierta

Avecinarse de tu techo
de tu paradero, de tu presencia
de un cubil, de un habitáculo.

Ocupo tu nido y anidamos
me alojo, me aposento en vecindad
decoro tu casa:
tu morada, tus rincones
la habitación que tú habitas
enciendo fuego sin humos
en la estancia, en el garito
y guardo la casa
ya nuestro refugio, nuestra mansión
y en estos lares cohabitamos
y en casa abierta convivimos.

Besos:
de piña
para bonitas niñas
de fresas salvajes rojas
para labios jugosos y atrevidos
de arándanos rojos y azules, silvestres
para aquellas preciosas bocas calladas con tules
de lágrimas de violetas del bosque
para acallar y olvidar el dolor
de miel y hiel
para el amante
de flores
Besos

Esa puerta siempre abierta

Me contabas, sin prisa y sin pausa
cómo era el viaje al pueblo de tus veranos:
el trayecto en tren de carbón, el coche de línea
con baca, el carro, por asientos los costales,
traqueteos por caminos pedregosos y al fin... el hogar.

Te plantabas delante de esa puerta de dos ojos,
el de arriba siempre abierto
para todo el que hasta el umbral llegase.

Y que entrabas llamando a gritos a tu abuela,
siempre enlutada. Y que de abrazos,
el pañuelo del duelo se caía y llegaban
sonrisas preñadas de sonoros besos.

Y que te ibas por los campos de mies,
dorados por la mano de esa tierra
de trigo y versos dulces y temblor
en los sembrados. Saludando a segadores
que chorreando fuego su hoz levantaban,
gavillas perfectas cortaban el aire.

Después a la era, a merendar con el abuelo
que trillaba. Los tiros elegantes con cabezal
y orejeras, jugando a un corro infinito
para sacar el grano a las espigas.

Y te salías de la parva, me decías entre risas,
cuando te dejaba las riendas de las mulas,
porque adivinaban que era otra la mano
que sudaba en el trillo.

En tus cartas hablabas de la iglesia, mudéjar,

me decías orgullosa. El lugar de encuentro.
Todos iguales. Las horas como nada pasaban
los días cortos. Y tú, como un remolino,
al cobijo volvías y relatabas las idas y venidas,
entre olorosas y sábanas blancas.

Después, murieron tus abuelos y no volviste
al pueblo morañego porque ya eran otros

y tú eras otra.

Eché el cerrojo

En estación deshabitada y fantasmal
de una aldea lejana y abandonada
nos refugiamos agotados
a vivir un amor desorbitado y eterno,
tuyo y mío, solos los dos.
En un lugar de encuentros y despedidas
de llantos y risas, lleno de pasados
sellamos el hogar para siempre
enredados como pájaro en jaula ajena.

Me anunciaste con tus llamadas agónicas
cansancio del cobijo de los sueños.

Tú ibas y venías por veredas y caminos,
en tu regreso yo vivía,
moría en tus partidas
me saciaba con las migajas de tu mano,
en la espera de tu aliento y alimento.

En el insomnio de mi soledad
me hueles a otra piel
me besas como a una muñeca
a una muñeca fría de cartón das besos
a una muñeca fría, besas, de ojos saltones
a nadie besas porque no quiero soñar.

Eché el cerrojo a la casa de los trenes
en la que ya no entran pasajeros.

Escucho el ruido del silencio

Me duele el calor de tu frialdad.
Escucho el ruido del silencio
que es mi vida.
Todo está claro en el mensaje opaco
que me ofreces.

La luz que incide en el espejo de tus ojos
refleja sombra.

Un instante, solo un instante
gocé contigo.
Sufrir, sufrí junto a ti
una eternidad.

Olvido los crepúsculos de las noches
dolidas por tu ausencia.
Recuerdo los amaneceres de los días
serenos, con lluvia de abril.

Domingo de septiembre

Paseo por un sendero paralelo a mi río
que se muestra cantarín
las lluvias otoñales han sido generosas.
El verano tórrido y seco hizo mella,
sus aguas se quejaron y los peces se quejaron
y las plantas se quejaban tornando su color.

Piso tapices de hojas borrachas de libertad
preñadas de frutos, escapados del útero
para ser en el terruño levadura.
Me acompañan conciertos vespertinos
de los últimos viajeros al tren
que les transporta hasta otros confines.
Los insectos, se saben efímeros. Me ciegan.

En un instante unas inmensas gotas de agua
me avisan:
vuelve por la trocha hasta el refugio de las torcaces.

¿Qué estoy desvirtuando?

No hay tal voz.
Busco versos
que engarzados,
pueden contar:
qué los sueños, sueños son
y avivar de las tinieblas,
es abrir la ventana de la vida.
Y cuando el amor nos llama
hay que seguirlo,
hasta que quieras y quiera.
Hasta que queramos los dos.

¿Qué estoy desvirtuando?
Busco versos
que engarzados,
pueden contar:
sobre esa luz que ampara
los levantes de la aurora
en el misterio de la noche.
El gozo cuando cierras
la puerta de la pena
y la abres a los sueños.
El regalo de los abrazos
envueltos en ternura,
que no quieres desatar,
de los hijos de tus hijas.

Un recuerdo

Esa pena de hierro forjado
que agota y hiere el alma,
como un ladrón invisible,
atenaza, se pega a mi piel.

Lo esencial es invisible a los ojos.

Y continúo
tangenciando entre el dolor y la tristeza
de los hambrientos de misericordia.
Nos arrojamos vistazos sin encontrarnos.

Quizás mañana gritaré mis silencios
se ahogarán mis penas,
tal vez se abrirá el umbral
a esa culpa no deseada.

Me acobarda el insomnio,
voy a desvelarlo de mí.

Esa culpa que me roe,
que teje mi miedo,
voy a deshilvanarla.

Solo ha sido un pasajero vivir.
En adelante, todo puede estar y ser.
Nada es fácil.

Solo hay que desalambrar
el gélido alambre que me atrapa.

Efímero

He llegado a un punto en el poniente
tan efímera como mi rosa en el crepúsculo.

Me duelen:
esa brevedad larga de mis días,
que suman y restan para el olvido,
paradoja de la vida.
Los días fríos de sol,
a la intemperie del cobijo
sin el calor apagado de una escuela,
esas voces silenciadas
a las que no puedo acallar.

Me duele la crónica de una vida gastada
del espejo no mágico.
La ironía de la espantosa belleza de la arruga,
¿a qué precio?

Me duelen:
la infinitud de mis noches
en el amanecer de la ausencia
clareando los sueños imposibles
dando luz a mis delirios
iluminando las pérdidas.
El día de la noche se hace largo.

Heridas

La vida se me escapa en cada otoño.
Me acompañan conciertos vespertinos
y restituyen en mi corazón
los recuerdos de amores imposibles.

La vida, se me escapa en cada otoño
e inunda mis sentidos de nostalgia.
La naturaleza traza paisajes,
colma de luz lugares invisibles.

La vida, se me escapa en cada otoño
ensancha mi espíritu melancólico
por tantos años y tan pocos años
por olvidos y sueños increíbles.
Me duele el otoño.

Mañana quiero al día dar a luz

Desde el este al oeste caminando hacia el ocaso
y dar sombra y fuerza viva, color y arreboles.

Echarme en el mar como un espejo sin límites.

Y, a veces, permitir que me escondan nubes
para llorar como el diluvio sobre los campos recios
y así hoy, ayer y tal vez mañana.

Aquella vida

Nada ocurre dos veces.
Wislawa Szimborska

Las promesas que nos hicimos en el todo
no significan nada, cuando el todo es nada.
Porque cada instante que pasa, como todo,
es otro momento o quizás no sea nada.

Algunos días que nos vemos, son un todo,
al poco tiempo se transforman en un nada.
No quiero que suceda como siempre todo.
Las rutinas cansan, se convierten en nada.

Apenas se pone la pasión en el todo,
se borran vacíos distintos de la nada.
Mañana, nuestros besos ya serán un todo
diferente. No serán igual que la nada.

Los años se fueron de repente, en un todo.
Voy transitando en el vacío de la nada.
Los amores fueron pasando como todo
y no volverán porque ya no queda nada.

Otros días encaro al sol

Para unos vivir es pisar cristales con los pies desnudos;
para otros vivir es mirar el sol frente a frente.

Luis Cernuda

Hay días que el sol me deslumbra y me ciega.
En esos días, vivir es como pisar cristales desnudo:
quebradizo, vidrioso, frágil.
Las heridas me producen, en mi alma, cicatrices
y es como si la vida se rompiera en mil pedazos.
Volver a empezar.

Otros días encaro la luz que ilumina mi aliento
y no caigo en el pozo del abismo que me traga:
busco el misterio.

Miro hacia adelante y me agarro como náufrago
al amigo, que me cura las alas rotas y vuelo, vuelo.
Me condujeron de la mano nubes
vago por espacios limpios y radiantes de libertad.

Hay formas de soñar: pisar cristales
        o decidir saltarlos.
 Porque *Vivir es mirar al sol frente a frente.*

...una tarde de la diosa Deméter

Es invierno: *Melancolía tras los cristales*
Abro la ventana fría de la vida: Llueven estrellas.
Descubro la calle engalanada. No hay ruidos,
saben que ensordecen a la sonata de invierno.
Los cristales como espejos reflejan irisaciones
y el parpadeo como un abanico castiga a mí retina.
Y escucho silencio, muchos silencios. Embrujo.
Y me vuelven la magia y la nostalgia de mi ayer.

Y rememoro:
¡Qué sorpresa abrir los portillos de mi cuarto infantil
y toparme de bruces con árboles disfrazados de novia!
¡Se rompe la urna que guarda el albedrío! ¡Juegan los niños!
Y el hechizo de una luz acompasa esos días sin escuela
y arropa, con su propia frialdad, un efímero muñeco.
Y esas flores de invierno, visten de armiño la madrugada.

Un beso que me supo a primavera

Un atardecer de abril con luna plateada,
en ese horizonte que se juntan
cielo y tierra, tierra y cielo
el viento del norte me transportó
un beso.
Un beso que me supo a primavera
en mi invierno…
Un beso que agarré y restregué
por mi cuerpo y posé en mi boca.
Un beso
que escuché llegar de donde habitas
hasta el alfeizar de mi ventana.
Un beso
que trae aromas y exhalo tu perfume.
Un beso
como lágrimas cantarinas de una fuente
y me limpian y me embrujan.

Otra noche de luna voy a soplar un beso
por si el viento lo roba y compartimos.

Canción:

¡Madre, ha cantado el cuclillo!
¿No le escucha su trovar?
Que llegó ya el mes de abril
va gritando en su piar.
En abril salta la alondra
¿no la escucha usted brincar?
Es la alondra mañanera
qué desgrana su cantar.
¡Está mojando la lluvia!
Madre, oigo su teclear.
Sobre el alero se posa
la golondrina a triscar.
¡Abra su ventana madre!
Ábrala de par en par
porque la lluvia de abril
trae olores del lilar.
¡El cerezo ha florecido!
Cuenta el jilguero al trinar.
El naranjo ha despertado,
¿huele usted ya, el azahar?
Abra la ventana madre.
Ábrala de par en par.

Un viejo marinero

Nado en solitario como un náufrago
nado como Odiseo para regresar a Ítaca
nado como un marinero ya reventado de vivir
y dejo el mar, contracorriente para a mí, río arriba.

El camino es duro, marinero, es desnadar lo ya nadado
me duelen los años, este cuerpo es como un lastre
los recuerdos mitigan la fatiga de este ahínco
como un pez plateado boqueo en la orilla.

Avanzo rodeado: depredadores que desean engullirme
y los esquivo a brazadas. Son hermanos, marinero.
Y me sumerjo en el agua. Son aves carroñeras.
Y continúo para llegar al manantial en lucha.

Braceo, buceo con mis recuerdos
en mi piel.
Las vidas son como los ríos que van a parar al mar.
Llegué al mar como lobo marino y me vuelvo de alevín
al río que me lleva y me reposa a esperar la última brazada.

Yo, María Victoria, no soy poeta

Yo no soy vieja.
Mi futuro fue ayer y es hoy.
Mañana más anciana.
Y pasado mañana más senil
más vejestorio, más achacosa.
Soy longeva como Matusalén
y más madura y veterana.
No soy vieja, por los años de los años,
amén.

No me gusta nada:
ser tan poco en mucha poesía.
No haber escrito EL POEMA.
Haber empezado hoy en la edad tardía.
Estar tan segura de mis inseguridades
en este mundo que atrapa y vacía.
Estoy segura: yo quiero ser poeta.
No me gusta pasar por el mundo sin ver.
No me gustan las noticias:
los enfermos que mueren en soledad,
los sintecho, desposeídos,
entre cartones y mamparas
ocultos en el hogar de la invisibilidad,
los ancianos invisibles,
que olvidan las palabras de no usarlas.
                                    Me conmueven
No me gustan:
las personas tolerantes que no toleran la intolerancia.

No quiero encontrarme
los niños y las niñas sin escuela, sin futuro.
Que no pueden sonreír porque no saben.
Y los que teniendo todo, no poseen nada.

No quiero que pasen desapercibidos
los hombres y mujeres forjadores de sueños
desde la pluma, las creencias, la justicia,
porque hacen más *azules los días*
y atrapan *el sol del invierno*. Bendito solsticio.
La luz, que ilumina el día y la noche.
Me conmueve la vida misma, sumida entre tinieblas,
que pierde los matices de la alegría.

Cobijo

Te cobijo
no más llantos
no tengas pena niña.
Yo te arrullo y cantaré.
Está la noche estrellada, hace frío.
Te contaré historias de piratas, poetas, princesas.
Viajaremos juntos hasta El País de Nunca Jamás,
para conocer el secreto de las hadas.
Escalaremos El Palacio de la Luna
para ver al joven Principito.
lo esencial es invisible...
Aprenderás a leer
los cuentos.

Décimas

I

Una flor de oro y zafiro
regaló un admirador
para hacerme un prendedor.
Acepto, miro y remiro.
¿Pero es algo que no admiro,
quiero yo, flores sin vida?
Como ésta, descolorida,
aunque no tenga una espina
prefiero mi rosa fina
que se luzca muy atrevida.

II

En abril el de las lilas
y las flores a porfía
en el jardín te veía
reflejada en mis pupilas.
¿Las corto blancas o lilas,
como las quiere la niña?
Si no quieres que te riña
déjalas en el arbusto
que se luzcan a su gusto
y perfumen la campiña.

III

Yo estoy explorando el abismo
vago despacio en el borde
de un río, aunque me desborde.
Me estoy alejando a mí mismo
de esta pose de cinismo.
Piso en el corte de un hilo
cual funámbulo en el filo.
Céfiro, no precipites
mi caída ¡No me grites!
Que por fin hoy no vacilo.

Mirada a los apuntes de un pintor I

A Tomás H. Berlana

Cepa: llena de misterio te presentas
como quiso el llamado del maestro.
Ataviada con colores que la luz,
el sol y el aire eligieron para ti.
Tú permaneces.
Él, es efímero como la rosa del principito.

Expansión: Un sueño, un instante, un sueño.
Emociones, sentimientos del alma sensible
que, vierten de su interior al infinito.
Las pinta, las dibuja, les da forma.
Me conmueven y transportan a un lugar
en explosión de luz y de color.

Tormenta: El sol empuja la tormenta
enamorado como está de centellas y rayos
serpientes de colores reptan por el cielo.
Después, todo quedará limpio.

Despedida: el viento, pintor impresionista,
ha sacado los óleos en amoríos con el arcoíris
para que el final sea el Apocalipsis de la locura.
La locura de lo efímero permanece.

El corazón de un visionario II

Novia del campo,
amapolita, amapola
¿Te quieres casar conmigo?
Juan Ramón Jiménez

Un lienzo, amapolas escarlatas,
nidos de semillas negras
cuna entre trigales y clavelinas.

Cansadas de ser fugaces
y que el viento las desnude
coquetearon, con un pintor
lo hechizaron y envolvieron.

Hoy, es su amor misterioso.
¿Quieres ser eterna? Y yo, contigo.

Crepúsculo III

Un rosal en mi ventana,
aurora caprichosa lo despierta
y absorbe rayos de luz.

Una tarde, en ocaso, examino:
se amarra al tronco que fue árbol
y sus flores, efímeras, encogen.

Arbusto de rosas blancas humildes,
lo plasmó en el lienzo,
silencio sostenido, con luz vespertina.

Juguetea, con la luna y el sol.

Por qué un pájaro es siempre cosa nueva para nosotros
Luis Pimentel

En mi casa de campo en primavera, un petirrojo
come de mi mano y con sus trinos me paga y
me saluda. Juega saltarín y se vuelve a su nido.
Desparece algunos días y no escucho su piular.
Está adiestrando a silbar y volar a sus polluelos
para que inunden el aire con gorjeos y cánticos.

¡Ha llegado el encanto de los pájaros!
 Es abril, lo canta el cuco y al trisar la golondrina
¡Ya está aquí el estío! pía la alondra saltando
¡Es el otoño chirrían! hay que viajar por los cielos
planeando y jugando, haciendo castillos en el aire,
posando con el Príncipe Feliz y templando la sinfónica.

Me sorprende; van donde quieren como quieren.
Me sorprende; vuelven cada año al nidal.

El bosque sería muy triste
si solo cantaran
los pájaros que mejor lo hacen.
                                    Tagore

Me atrevo a cantar, pero lo hago con recelo,
intento jugar con los gorjeos iniciáticos,
sé que todos los trinos caben en el bosque
agudos y graves, graznidos y suaves arrullos,
esperanza en la espera, desasosiego y quietud
porque entonan diferentes escalas de música.

El bosque es una gran orquesta orquestada
de lenguajes e himnos e inacabada, de bullicio,
donde cada uno entona como puede y sabe.

El misterio mana de variadas fuentes:
sus diferentes murmullos llevan a la armonía.

Me sorprende que vuelvan cada año al techo
me sorprende que siempre hagan hogar
me sorprende el misterio del solitario pájaro
su libertad como la del monje encarcelado.

Todo es paralelo al río

Los años y las noches se suceden
y sigo aleteando en el espacio
viajo aún, orientado con rumbo
como las aves migratorias en otoño.

Posando y bebiendo en las lagunas
y otra vez emprendiendo el ascenso,
descubriendo estacionales horizontes
de lluvias y de céfiros chorreando.

He ido y venido y vuelto al cubil.
El cuerpo se duele, acuso mis días
me quedo desnortado en el aire
y me dedico a planear en mi historia.

He hecho cabriolas en las alturas
he paseado por encima de las nubes
he viajado sin límite como el charrán
he pensado: que corto es ya el vuelo.

Todo pasa paralelo al río

Hay días:
que deseas despertar del mensaje inacabado
y ya no habitas en quietud.
Como un puñal, la incertidumbre y el dolor
se clavan en tu carne de madre y le hieren.
La fuerza y el amor le nacen de las entrañas
que se rebelan al dolor y abren el umbral
a un nuevo día, a un mañana de aire fresco
para mitigar la pena que irrumpe y quema.
Hay días:
que la tempestad te impide ver. Entonces
 te amarras a tus recuerdos reciamente
y caminas y gritas como un ciego por el baldío.
Mañana, tocas a un amigo y la vida renace.
Hay días:
que sacas, de tu garganta las palabras
y la medida y la sonrisa regresan,
y vuelven, porque el amor de madre sabe
pisar cristales descalzo cuando pasa por el río.

Haikus de otoño

Noviembre es hoy
crisantemos azules
te llevo siempre.

Del árbol bajan
tapices de colores
hojas de otoño.

Sajo la vid
néctar de mi vendimia
vino de amor.

Aire de otoño
descubre mil olores
bailan las hojas.

El viento orea
palabras encriptadas
para ti solo.

Otoño rojo
pájaros embrujados
por arreboles.

Siento nostalgia
de las flores caídas
desarropadas.

Árbol desnudo
perdiste tu belleza
es el otoño.

Terriblemente molesto

El desgarro que las guerras producen
extensos ríos de llantos perforan los rostros
qué aterrador es oír hablar de tristes batallas
los martillazos, la muerte, la angustia
es como si pasara corriente: abrasador, intenso, poder
es opresivo en la guerra, es imposible para la paz.

La música que duerme a mi niño

Como si fuera a explotar
a veces a golpes a veces continua
insistente y angustiante

suena a muerte.

Como a martillazos
secos, agudos e imprecisos
perforante y punzante

suena a muerte.

Como si quemara
abrasadora y candente
extenuante y periódica

suena a muerte.

Que esa nana que canto en tu llanto
moderada y cálida
sean latidos que
aprietan tu sueño.

No to war

Volveré mañana en el corcel del viento.
León Felipe

Y me llevan a una guerra tan absurda,
sin haberme preguntado mi voz,
sin haberme despedido de ti,
sin haber entendido el porqué y el para qué
esta guerra.
Me llevan sin haber escuchado mi discurso,
sin haber cogido un arma,
sin haber sabido de libertad...
Y me llevan, aunque yo no quiero ...
Me llevan porque lo ordenan hombres fríos
que nada saben de justicia,
que nada saben de misericordia...
Me llevan sin poder conocer el Amor,
con mi corazón lleno de poemas, versos y
palabras
y mis ojos llenos de lágrimas, y
abiertas las manos,
pidiendo que las guerras acaben.

Yo he venido a rogar por los muertos.
He venido a salvar a los Hombres.
He vuelto, ¡he vuelto seguro!
De que es inútil seguir
en la lucha banal.
De las madres que buscan los trozos, de
sus hijos rotos en vida:
¡Adiós, jóvenes,
muchachos,...
desertores!
A vivir, a vivir,
a la casa otra vez...

al amor,
al saludo,
a la Palabra...a la Palabra...
¡Otra vez a la Palabra!

En el corazón de Frederic

Escucho la balada número uno de Chopin .
Me arrebuja en una nube, en su vaivén.
Abro la ventana de la alcoba de par en par,
refleja un paisaje de ensueño en sol menor.

En la playa, el mar se cubre de finos cristales
acompasados por el corazón de Frederic,
paseo danzando al son de la nívea lluvia
y me voy trenzando en este mar de armiño
que canta mi nombre con ecos de tambores.
La música me amarra, me tumba, me enreda
y al sol púrpura de invierno no puedo tentar

y mi vestido blanco como una mortaja parece
y mi pelo morado, parece, como una sirena cantora.

Continúa la música: adagio, allegro, scherzo,
sigo bailando como una novia vestida de tul ilusión
porque sigue nevando y estoy embriagada
de baladas y sueños y me voy alejando de ti.

En el vacío de la pena

Hay días que escribir
es como una sinfonía,
otros días, ¿para qué?
tiro las letras
y que jueguen a enredarse
y se hagan nudos.

Yo no sé nada.

Y entonces,
te agarras a la esperanza
en los versos
no te dejan caer
en el vacío de la pena.

Ya no está la luz que me hiere

La juventud pasó como pasan los amores de verano,
como si fuera para siempre ese flirteo con la vida.
El otoño llama a mi ventana. Despiertas.
Y ya no está la luz del día que me hiere,
ni la claridad en las interminables noches.
Contemplo mi vida como a los caballitos del tiovivo.
Prendida como los alfileres en los acericos de colores de la niñez.
Los frutos están cosidos a mi piel por las costuras.
Espero tranquila con mis libros que dieron rumbo a mi sendero.

Descubrir el faro y no perderse.

ÍNDICE

De repente, 9

Definición por negación, 10

Escribo, 11

Sinfonía en mi menor, 13

Un taller de costura, 14

Días raros, 15

Aderezo letras como nada, 16

Ayer y hoy, 17

Escucho, 18

La memoria del olvido, 19

Casa abierta, 20

Besos, 21

Esa puerta siempre abierta, 22

Eché el cerrojo, 24

Escucho el ruido del silencio, 25

Domingo de septiembre, 26

¿Qué estoy desvirtuando?, 27

Un recuerdo, 28

Efímero, 29

Heridas, 30

Mañana quiero al día dar a luz, 31

Aquella vida, 32

Otros días encaro al sol, 33

…una tarde de la diosa Deméter, 34

Un beso que me supo a primavera, 35

Canción, 36

Un viejo marinero, 37

Yo, María Victoria, no soy poeta, 38

Cobijo, 40

Décimas, 41

Mirada a los apuntes de un pintor I, 44

El corazón de un visionario II, 45

Crepúsculo III, 46

En mi casa de campo en primavera, un petirrojo..., 47
Me atrevo a cantar, pero lo hago con recelo..., 48
Todo es paralelo al río, 49
Todo pasa paralelo al río, 50
Haikus de otoño, 51
Terriblemente molesto, 53
La música que duerme a mi niño..., 54
No to war, 55
En el corazón de Frederic, 57
En el vacío de la pena, 58
Ya no está la luz que me hiere, 59

Ediciones Vitruvio

Colección Baños del Carmen

Últimos libros publicados:

Las flores del mal, de Charles Baudelaire

En mi cuaderno de viaje, de Carmen Maga

Declaración jurada, de Manuel E. Castillo

Siempre Domingo, de Pascual García

Escribir Silencio, de José A. Alfonso

Ciento cincuenta voltios, de David Alberti

Que nada se olvide, de Álvaro Fierro Clavero

Ayer es mañana, de José Elgarresta

Y ahora sorpréndeme, José Ramón Silva

Playa sin mar, de Eduardo Crespo

El mar mientras duerme, de Santiago Gómez Valverde

Madame Podeva, de Natalia Ruiz-Poveda

El hombre que alimentaba su alma, de Sergio Macías

A la tarde, de María Paz Otero

La ingravidez que somos, de Antonio Ríos

La ilusión del indulto, de David Minayo

El vigor, de Leonardo David Segado

Balcones azules, de varios autores

Música Rusa, de William Jonhsnton

El lenguaje del número, de Juan Pedro Carrasco

Doce voces, una voz, de Jaume Mesquida

Memoria del frío, de Ricardo Ruiz

Acceso a la vida, de María José Pérez Grange

La fama pregonera, de Jesús Mauleón

Equipaje de momentos, de Carlos Guerrero

Habrá poetas, de Mikel Ceniceros

El único umbral, de Diego Doncel

Mil años de poesía (1000-2000), número mil de la colección Baños del Carmen

Autobús nocturno, de Luis Machuca Moreno

Donde nadie dirige la mirada, de Fernando Fiestas

Siempre promete amanecer, de Ignacio Eufemio Caballero

Recuento de ilusiones, de Norberto Garcés

Y la que escucha no es ella, de Silvia López Ripoll

La levedad, de Cristina Liso

La niña que ha sembrado la tierra del poema, de Josela Maturana

Despacio y tiempo, de Angie Expósito

El agua en la mano, de Félix Recio

Parábola entre parabólicas, de Pablo Villa

Centinela del viento, de Daniel López Acuña

Guiñol, de Pedro López Lara

Historias encontradas, de Domingo Luis Hernández

El gozo cumplido, de María José García Mesa

Postales del norte, de Juan Gil Bengoa

Obra poética incompleta, de Yong-Tae Min